अधूरी ख्वाहिशें

रिश्तों की अनकही अनसुनी उन्मुक्त भावनायें

पुष्कर नाथ झा

BookLeaf Publishing
India | USA | UK

Made with ❤ on the BookLeaf Publishing Platform
www.bookleafpub.in
www.bookleafpub.com

Dedication

यह पुस्तक
उन भावनाओं को समर्पित है
जो शब्द बनना चाहती थीं
पर वर्षों तक
दिल में ही चुपचाप रोती रहीं।
उन रिश्तों के नाम
जो पूरे नहीं हो सके,
उन खामोशियों के नाम
जो कभी बोले बिना ही
बहुत कुछ कह गईं।
और उस इंसान के नाम,
जो टूटकर भी
हर दिन खुद को
फिर से जोड़ता रहा।

मेरे मन की अभिव्यक्ति, कुछ विचार, कुछ कल्पनाओं और कुछ अभिलाषाओं के शाब्दिक प्रारूप का प्रतिबिम्ब प्रस्तुत है.

Preface

यह पुस्तक कोई कहानी नहीं कहती,
यह उन एहसासों को जीती है
जो अक्सर शब्दों से पहले
खामोशी में जन्म लेते हैं।
इन पन्नों पर लिखी हर कविता
किसी न किसी अधूरे पल की गवाह है –
कभी प्रेम का, कभी प्रतीक्षा का, कभी टूटने का
और कभी खुद को समेट लेने का।
यह संग्रह उन भावनाओं से बना है
जिन्हें दुनिया ने कभी ज़रूरी नहीं समझा,
लेकिन दिल ने हर बार
पूरी शिद्दत से महसूस किया।
यह किताब
न सलाह देती है,
न निष्कर्ष निकालती है।
यह बस इतना चाहती है
कि जब आप इसे पढ़ें,
तो कहीं न कहीं
खुद से नज़रें मिल जाएँ।
यदि इन कविताओं में
आपको अपना कोई दर्द,
कोई याद, या कोई अधूरी बात दिखे –
तो समझिए यह पुस्तक अपना उद्देश्य पूरा कर चुकी है।

Acknowledgements

मैं आभारी हूँ
हर उस दर्द का
जो शब्द बन सका,
और हर उस खामोशी का
जो कविता बन गई।
हर उस संघर्ष का जो संयम बन गयी |
और हर उस विछोह का जो अभिव्यक्ति बन गयी।

यदि यह पुस्तक
किसी एक दिल को भी
थोड़ा हल्का कर सके –
तो यह आभार
पूरा हो जाता है।

1. मुखौटा

मुखौटे की दुनिया है ये,
हर आदमी ने पहना है एक मुखौटा |
दिखाता है खुद को बहुत बड़ा,
पर होता है उसका दिल बहुत छोटा |
क्योंकि उसने पहना है , मुखौटा ||

खेलता है दूसरों की भावनाओं से,
लेता है सहारा दूसरों के अरमानों से |
जाता है उसी के पास जिससे मतलब होता है,
जब आपको जरूरत होती है तो पड़ा रहता है सोता |
क्योंकि उसने पहना है ,मुखौटा ||

समय हर मुखौटे को उखाड़ फेकता है,
क्योंकि वो मुखौटे के अन्दर के आदमी को देखता है |
जब आदमी को एहसास होता है अपनी गलतियों का,
तो यही मुखौटा छोड़ देता है उसे रोता |
क्योंकि ये मुखौटा है मुखौटा ||

2. मेरा पागलपन

कल सोचा खुद के बारे में तो पाया खुद का पागलपन ,
अँधेरे कोठी में गूंजता खुद का कोई करूण रुदन |
अनंत अन्धकार की असीम अविनाशी शक्ति का स्पर्श,
भरी हुई भीड़ में सुनी आँखों का एकाकीपन |

मै खो गया उन् गहराई में जो थी मेरे भय का प्रतिबिम्ब,
निश्चेत निर्विकार शरीर में जैसे ना हो साँसों का स्पंदन |
झंझावात विचारो का, सपनो का और अभिलाषाओ का ,
भूत की यादो का, चिता की आहुतियो के मध्य से
होता पुनर्जीवन |

क्या हो गया था मुझको शरीर निष्प्राण लग रहा था,
कैसे करू, सुखी धरती जैसे जीवन में हर्षवर्षा का आह्वाहन |
भरी हुई आँखों ने खोला अन्धारक द्वार सूर्य की रस्मियो से
होकर परास्त,
ऐसा लगा, हुआ नया जीवन प्रारब्ध और जो देखा था वो
मेरा था पागलपन|

वो मेरा था पागलपन ||

3. परिभाषा बन गयी हो तुम

जीवन के एकाकीपन में अब जीवन की परिभाषा बन
गयी हो तुम,
सोयी आँखों में मधुर स्वप्न की अभिलाषा बन गयी हो तुम।
माना नहीं हो तुम मेरे प्रत्यकछ ,परोक्ष ही सही,
हर प्रहर मेरी साँसों का स्पंदन बन गयी हो तुम ॥

हू अभी मै अकेला ,पर अकेलापन लगता नहीं,
खुद को देखता हू तो लगता है मुझी में समां गयी हो तुम।
कभी खामोश रहता हू तो भी ऐसा आभास होता है ,
हवा की सनसनाहट से के, मुझसे बात कर रही हो तुम।

ख्वाबों के हिरण मन में मेरे कुलाचे भर रहे है अब,
है बड़े आतुर वो तुम्हे छूने के लिए।
वक़्त बन गया है जैसे शत्रु , आगे बढ़ता नहीं,
मुझे और प्रतीक्षा करने को क्यों कह रही हो तुम।

कभी देखा है धूप में अस्तित्व से परछाई का बिछोह ,
कभी देखा है बहती नदी को बिना किनारों के,
तुम्हारे बिन अब मेरी परिभाषा नहीं पूरी,
मेरे अधूरी परिभाषा की पूर्ण भाषा बन गयी हो तुम॥

4. मेरा अस्तित्व

आत्मबल की असीमता है मेरे अस्तित्व में,
उन्माद की सुक्छमता है मेरे अस्तित्व में,
झंकार का आवृत है प्रारब्धता अस्तित्व में,
संकल्प की अविनाशिता है मेरे अस्तित्व में।

बवंडर में घिरी हुई जरा से कश्तियो को देखिये,
है बड़ी आतुर वो परस्त होकर लहरों में डूबने के लिए,
हर कोई व्याकुल है, नहीं चाहता की जीवन अंत हो,
अंत तक के अनंत कष्ट को झेलना है मेरे अस्तित्व में।

हर कोई जन आता यहाँ, निरुदेश्य और निर्विकारमय,
ना कोई होता है लक्ष्य और ना कोई प्रेरणामय,
जब ढले शाम जीवन की, चला जाता है बांसों की बंदिशों पर,
खो के धुंए के भंवर में भी, अमरता है मेरे अस्तित्व में॥

5. क्या मै पराया हो रहा हूँ

आज ऐसा लगा यादो की झुरमुटो से कोई मुझे देख रहा है,
झिलमिलाती भरी हुई आँखों से कुछ पूछ रहा है|
कह रहे है उसके सूखे लब की ये क्या हो रहा है,
आज ऐसा क्यों मुझे लग रहा है की तुम पराये हो रहे हो||

आँखों की उसकी उदासी दिल में टीस मारती है,
चेहरे की झूठी मुस्कराहट दिल के सुकून को दफना रही है|
चाहता हु मै उससे मिल कर अपना दिल हल्का कर लू,
पर वक़्त की बेड़िया कदमो पर खंजर चला रही है ||

पता नहीं तुझसे मुझे ये कैसा लगाव है,
सब लग रहे है खामोश ये कैसा बदलाव है|
मेरे वर्तमान का दर्द तेरे सुखद भविष्य का आधार है,
इसीलिए हो रहा हू पराया, और ये समय का प्रहार है||

कैसे रहूँगा तेरे बगैर सोच कर भी डर लगता है ,
होगा दर्द तो तेरे अच्छे भविष्य को सोचकर मुस्कुरा लूँगा|
हां बहुत बिखरुंगा जब तेरी मीठी यादे मुझे घेरेंगी,
पर उन बिखरे टुकडो में तेरी धूमिल हंसी देख कर जिन्दा
हो लूँगा||

6. सन्नाटों की अधीनता

सन्नाटों की अधीनता पता नहीं क्यों अच्छी लगती है।
तिमिर का बियावान पता नहीं क्यों अच्छा लगता है।
हर रिश्ता हर व्यवहार लगता है एक छलावा।
सिर्फ अपनी परछाई का साथ पता नहीं क्यों अच्छा लगता है।

नहीं चाहिए सहारा किसी के कंधो का,
टूटी कश्तियो से समंदर करना पार, पता नहीं क्यों अच्छा लगता है।
भीड़ नहीं लगती है मुझे लुभावनी या चित्ताकर्षक,
सिर्फ रात्रि का नीरव श्रृंगार, पता नहीं क्यों अच्छा लगता है।

मुखोटे ओढ़े लोगो की हंसी मुझे नहीं है भाती,
गरीब असहायों का करूण रुदन, पता नहीं क्यों अच्छा लगता है।
बहुत ऊपर उठने की मुझे अब चाह नहीं,
अगर अपने साथ खुद की आत्मा को उठा लू तो अच्छा लगता है।

कलियुग की माया मेरे ह्रदय पर कुछ असर नहीं करती, अगर कलियुग के लोगो में मानवता जगा दू तो अच्छा लगता है||

7. वही प्रारब्ध होगा

निवर्ति का स्पंदन, भावों का मंथन
प्राण वायु की मलंगता, स्मृत्य की प्रचंडता
निष्क्रिय सी हो गयी है, स्वयं में ही खो गयी है
शुसुम्न अवस्था में लिप्त, परजीव सी हो गयी है

अर्ध भाव सा, अल्प विराम सा
अर्ध पूर्ण सा, अर्ध रिक्त सा
जीवन का ये आनंद, विछोह के अंधकार में
सुप्त सा हो गया है, व्यर्थ सा हो गया है

नवीन प्राण वायु की अभिलाषा, तुम से सहचार होने की
आशा
है यही बस उपाय अब, तभी चेतन होगा सब
फिर वही उन्माद होगा, प्रेम का आह्लाद होगा
फिर वही सुकून होगा, और वही प्रारब्ध होगा.

८. सहिष्णुता

जाकर पूछो क्या परिभाषा है सहिष्णुता की
और कौन सी धरा है सहिष्णुता की प्रतीक
स्वछंद विचारो को खुलकर समाज को बतलाते हो
जिस देश ने तुमको गौरव दिया उसी को असुरक्षित
बतलाते हो

सहिष्णु है वो कश्मीरी पंडित जिन्होंने अपनों को खोया है
सहिष्णु है वो सिक्ख जो अलगाववादी धारा में रोये
सहिष्णु है वो लोग जो दंगो और आतंको से दो चार हुए
और सहिष्णु है वो जो कुदरत की आपदा से पार हुए

तुमने कब कौन सी कठिनाईयों को झेला है
सिर्फ भौतिकता की देवी से ही हमेशा खेल है
जीवन में जो शीर्ष मिला वो इसी धरा की देन है
आज यदि सुरक्षित हो तो ये सहिष्णुता की देन है

विविध रंग के मोतियों को, पिरो कर, बनी देश की माला है
हर दाने ने अगले दानो को बांधकर संभाला है
यही नियति है हमारे सहिष्णु गौरवशाली देश की
कोई भी उछाल सकता है गरिमा मेरे देश की

बारिश की सभी बुँदे एक जैसी नहीं होती
परन्तु उनका गंतव्य एक ही होता है
अगर कुछ बुँदे कही रुक भी जाए
तब भी समुद्र (राष्ट्र) सहिष्णु ही होता है

राष्ट सहिष्णु ही होता है........

९. मनुष्यता

तुम कौन हो तुम्हारा अस्तित्व क्या है ?
क्या तुम मनुष्य हो तुम्हारा व्यक्तित्व क्या है ?

है मिला जीवन तुम्हे कुछ तो प्रारब्ध होगा
इस समूचे विश्व में तेरा कोई कर्त्तव्य होगा..
या यही उद्देश्य है की बस सभी भौतिक मिले
या कही उद्देश्य ऐसा की तुम्हे कीर्ति मिले

यदि तुम्हे यह दम्भ है के तुम एक मनुष्य हो
तो ये जीवन करो तर्पण समाज के उद्धार में
त्याग तो सब मोह भौतिक
विश्व के कल्याण में

ये तेरी काया तो सुखी लकडियो का ढेर है
समय दीमक की तरह करता बसेरा है जहा,
जब अभिलिप्तता पहुंच जाएगी उनकी शीर्ष पर
सड़ के मीट्टी बन कर मीट्टी टीला बन जायेगा वहाँ

कुछ नहीं ले जा पायेगा सुखी मीट्टी में दृढ़ता नहीं
सब यही रह जायेगा कुछ प्राप्त होगा नहीं

फिर तेरी आत्मा करेगी अट्टहास और तुझे धिक्कारेगी
यही है यदि मनुष्य तो मुझे फिर मीट्टी मत बनाना यही
पुकारेगी

फिर मीट्टी मत बनाना यही पुकारेगी ..

10. संघर्ष

संघर्ष है पर्याय जीवन का,
संघर्ष है अध्याय जीवन का,
आधुनिकता के करालो में,
संघर्ष है अस्तित्व का रक्षण,
है मानते सभी मुझे मातृभाषा,
पर प्रेयसि है अब्ब ये आंग्लभाषा,
कलियुग की वेदी है बड़ी चौड़ी,
ना चाह है अब जग को ये माता की,
कहते है के हम हो गए है परिपक्व,
छाया नहीं अब्ब चाहिए माँ की,
प्रेयसि का आँचल ही सुहाता अब,
वो दिन पुराने हो चुके है अब,
माता की लोरी थी सुहानी जब,
हिंदी है रोती अपनी कहानी कह,
संघर्ष है जीवन मेरा ये अब.

11. कुछ सुन सको तो सुनो तो

दरख्तों के संगीन साये कुछ कह रहे है सुनो तो ,
पगडंडियो पर बिखरे पतझड़ के पत्ते कुछ कह रहे है सुनो तो
।
संगीन साये कह रहे है कि ला सको तो गहराई चरितार्थ
करो हमारे जैसे ,
पत्ते कह रहे है कि सीख सको तो सीखो कैसे सजा जाता है
बिखर कर भी ॥

अंधेरे बियावान में झिन्गुरो की आवाजे कुछ कह रही है
सुनो तो,
श्मशान में जलती चिता की आहुतियाँ कुछ कह रही है
सुनो तो।
झींगुरो की आवाज कहती है की बना सको तो बनाओ
बीहड़ो में अपना अस्तित्व ,
आहुतियाँ कहती है कि अगर कर सको तो अमर करो
अपनी आत्मा को मर कर भी ॥

12. सांसो का स्पंदन

अंतहीन प्रारंभ है , अवान्च्नीय है वर्तमान ,
स्पंदन विहीन शरीर है , वायु हीन है प्राण ।
विछोह की धधकती ज्वालाओ से कुलीन है तन ,
जो लुप्त हुआ है जीवन से उसे मिलने को आतुर है मन ॥

जीवन मे तो कई रंग है , पर उनसे कोई सकारात्मकता नहीं ,
खुशियों की तो कमी नहीं पर खुशियों की व्याकुलता नहीं ।
अकल्पनीय टीस की चौखट पर तुम मुझे अकेला छोड़ गयी ,
कुछ छड़ मुझे रिझा कर ख़ुद से , मुझसे तुम मुँह मोड़ गयी ॥

आ जाओ अब बहुत हुआ निरिक्षण मेरी सहनशीलता का ,
कर दो पूरा जो है छूटा स्वप्न अधूरा जीवन का ।
पर्याय बनो तुम मेरा और मै बनू तुम्हारा अंतर्मन ,
धडको बन कर हृदय गति मेरी और मेरी साँसों का स्पंदन ।
सांसो का स्पंदन ॥

13. चलते चलते मै बहुत दूर निकल आया हूँ

चलते चलते मै बहुत दूर निकल आया हू.....
कुछ खट्टी कुछ मीठी यादों को बक्सों में समेट कर,
किसी की हंसी, किसी के आंसू और किसी की चाह को,
दिल के किसी अनजान कोने में संजोकर,
चलते चलते मै बहुत दूर निकल आया हू.....

है कई अपने पीछे किसी गलियों में ,
थे कई पराये जिन्हें मै अपना मानता था...
गलियों में बितायी हर यादों की कसमसाहट को,
सोच की किसी ढकी परतो में दबाकर,
चलते चलते मै बहुत दूर निकल आया हू.....

सीखा था बहुत कुछ, कुछ धुंधले से सफ़ेद अक्सो से,
खोया था बहुत कुछ, कुछ बेबाक से अनसुलझे अक्सो से,
चाहता हू की कुछ नए अक्स मेरे आइनों से झांके अब,
पुराने अक्सो के आईने के टुकडो को समेटकर ...
चलते चलते मै बहुत दूर निकल आया हू.....

नयी दिशाए, नयी मंजिले और नए रास्ते,
बाहें फैलाये कह रही है की आओ गले लग जाओ तुम,
नयी ऊँचाईयों को नए तरीकों से छुओ,
नए वातावरण में अपने अस्तित्व का समावेश करो,
मुड़कर मत देखो की तुमे क्या है खोया ...
क्योकि कुछ नहीं मिलेगा तुम्हे अब पुरानी राहों में ...
चलते चलते मै बहुत दूर निकल आया हू.....

14. मेरे हमसफ़र

अपने जीवन के कई महत्वपूर्ण पलो का सफ़र
तय करेंगे साथ में क्योकि साथ है अब हमसफ़र।
सुख में, दुःख में, आशा में, निराशा में,
इर्ष्या में, द्वेष में, प्यार में , तिरस्कार में,
प्रभात में , अन्धकार में, प्यार के श्रृंगार में ,
आने वाले जीवन का हर दिन, हर रात , हर पल और हर प्रहर,
तय करेंगे साथ में क्योकि साथ में है अब हमसफ़र।

अधूरी इच्छाओ में , पुरे सपनों में,
अनकही बातो में, समझी भावनाओ में,
व्याकुल मन में, हर्सोत्साहित तन में,
जीवन के अनचाहे पलो का हर कहर,
तय करेंगे साथ में क्योकि साथ में है अब हमसफ़र।
भविष्य की उपलब्धियों में , भविष्य की परेशानियों में ,
भविष्य की खुशियों में , भविष्य के क्लेश में ,
भविष्य के सन्नाटो में , एक मात्र सहारे के स्पर्ष का अनुभव,
प्रेम में भरे हुए लिपटे हुए भावात्मुक पंछियों की तरह,
तय करेंगे हर सफ़र, क्योकि साथ में है अब हमसफ़र।

15. आंसू

बरसात की बूंदों और आंसुओ की बूंदों का फर्क बताता हूँ ,
बरसात की बूंदे छोटी, बड़ी, और कोमल होती है,
आंसुओ की बूंदे उनपर निर्भर करती है जिनकी आँखे रोती
है ||

दुःख के आंसू , सुख के आंसू और भी कई तरह के आंसू
होते है ,
कुछ अगर आँख में पड़ जाए तब भी हम रोते है ||
कोई अगर आपकी वजह से रोये तो ये बड़ी ख़राब बात है,
और अगर कोई आपके लिए रोये तो ये प्यार के जज्बात है
||

बरसात की बूंदे तो सबके लिए होती हैं,
पैर आंसुओ की बुँदे तो सिर्फ अपनों के लिए होती हैं||
कुछ अपने मेरे लिए भी एकांत में रोया करते है,
पर वो नहीं जानते की उनके एक आंसू की जगह मेरे
सैकड़ो अश्क निकलते है||

सैकड़ो अश्क निकलते है ।

16. हाथ की लकीरें

हाथ की लकीरें इंसान को मजबूर बना देती है |
जीतने के पहले ही हार का आभास करा देती है |
कर देती है हताश आपके आत्मबल को ,
बढ़ावा देती है इस संसार के छल को |

हाथ की लकीरों को तो मै बदल नहीं सकता,
पर कर्म ही एक रास्ता है भाग्य को बदलने का |
इतनी आसानी से हार मै मानूगा नहीं,
अगर सफलता यहाँ है नहीं तो कही और है लिखी|

हाथ की लकीरे मुझे कमजोर बना नहीं सकती,
क्योकि हाथ की लकीरों से किसी की दुनिया नहीं बनती|
कौन कहता है की हाथ की लकीरों में ही किस्मत है,
क्योकि नसीब तो उनका भी होता है जिनकी हथेलिया
नहीं होती||

17. अंतिम युद्ध

लड़ रही है साँसे समय के अनकहे से जाल से,
है यही अंतिम युद्ध बचा अब इस काल के कराल से।
अवगत तो हूँ मैं के अब अंतिम सत्य आ रहा,
घुटन पर हो रही क्योंकि मैं फसा मायाजाल से॥

बीते समय की बेड़िया हैं पावँ भारी कर रहीं,
खींचती घसीटती ये मुझको घायल कर रहीं।
सृजन का शरीर अब नष्वर सा देखो हो रहा,
आतंमन से आत्मा का साथ देखो छिन रहा॥

खुल रही धारा प्राण की और सुप्त होती चेतना,
खत्म होती है ये मेरी सारी अन्तर्चेतना।
हाथ से निकली हुई है बाजी अब बची बस हार है,
लड़ रहा खुद से खुदी में खुद का ही ये प्रहार है॥

भूत की अवहेलना जो की है मैंने आ गयी,
बन के मेरा कर्म मेरा प्रारब्ध अब लो आ गयी।
जीव का उद्धेश्य पूरा हो चुका है देख लो,
मर्त्य का अमरत्व आ गया है अब तुम देख लो॥
मर्त्य का अमरत्व आ गया है अब तुम देख लो॥

18. जाने के बाद

के बहुत कोशिश की के रोक सकूँ उसे,
पर वो चला गया मुझे थकाने के बाद।
हँसता रहा मैं छुपाये हुए अपने अश्क़,
सोचा था रोऊँगा खुल के उसके जाने के बाद।।

कश्मकश रही दिल में दबी मेरी आरजू की,
के कुछ लम्हे जोड़ सकूँ मैं उसकी जिंदगानी में।
ठाना था उसने के वो दगा देगा मुझे ,
सह गया सारी तकलीफ वो मुस्कुराने के बाद।।

काटते अब भी वो पल जो बीते थे उस अंत में,
कसिस सी बाकी रह गयी बात बता पाने के बाद।
खो गया जो था मेरा सबकुछ अपना सा,
मेरी सख्शियत को भी साथ ले गया सताने के बाद।।

देख रहा होगा वो मुझको छिपकर किसी कोने में ,
हंस रहा होगा मेरी बीहड़ लाचारी पर।
मैं जो कर सकता था, मैंने शायद वो सब किया,
अब जो चला गया वो लौटेगा नहीं जाने के बाद।।
लौटेगा नहीं जाने के बाद।।

19. अंतिम यादें

शामिल सा है वो मुझमे जुदा होकर भी,
बसा के रखा है उसे मैंने दिल में दबाकर भी ,
कहता रहा मैं उसे के तुझे जाने दूँगा ही नहीं,
पता भी था के वो जायेगा और लौटेगा नहीं ।

बड़ा मुश्किल होता है सच्चाई को छुपा कर रखना,
वो भी उससे जिसने सच क्या झूठ क्या सिखाया था।
उसके अंत के बाद उसको उठाना अपने कंधो पर,
जिसने कभी मुझको जमीन से कंधो पर उठाया था।

कहते है शरीर खत्म होता है किसी की आत्मा नहीं,
जो जलता है वो काया है उसकी दिव्यता नहीं।
पर माया से बंधी होती है उसकी काया जो रह गया पीछे,
कैसे भूल सकूंगा उन अंतिम यादों को, हाँ मैं भूलूंगा नहीं,
मैं भूलूंगा नहीं।

20. तलाश है

के लायकत नहीं ला सका, लाज़मी सा लगता है,
लोगो की आरज़ू, औकात से बहार है मेरी।
मैं हुआ करता था जो कभी, नहीं वो लगता हूँ,
के किरदार बन गया हूँ ,और वजूद जुदा हुआ है मेरा।

के दामन का नहीं कोई ठिकाना अब,
अकेला बदहवास सा झुक के बैठा हूँ।
कैसे छोड़ेगी अब ये जलालत मुझको,
के मैं खुद से भी नहीं पूछता के मैं कैसा हूँ।

के अब खुद को ही खुद की तलाश है,
जिंदगी थोड़ी सी नहीं, ज्यादा ही बदहवास है।
ये मुझसे मेरी रूह हंस कर है पूछती,
जो निचे पड़ी है क्या तुम्हारी ही लाश है।।

21. बता देना

दिल से दिल तक बात पहुंच जाए तो बता देना,
कोई पुरानी बात अगर आ जाये याद तो बता देन।
खो तो चुका हूँ तुझको पर साथ है तू अब भी,
हसरतों के साहिल पर उठे तेरे जज्बात तो बता देना।।

ख्वाहिसे रह गयी अधूरी सी मेरी तुझको लेकर,
पूरा नहीं, मेरा हुआ ख्वाब क्योंकि नींद मेरी टूट गयी।
बादल बरसते रहे और बारिश से जमी भीग गयी,
भरी बारिश में जब भी भीगे तेरी आँख तो बता देना।।

मैं खत्म हो रहा तेरी आग़ोश के साये में,
लपटी हुई है रुह ये मेरी, तेरे दामन से।
खलिश सी है दिल के छुपे कोने में, चीखती सी,
तेरी धड़कन में कभी दे सुनाई तो मुझे बता देना।।

अभी तो ये आलम है के मैं खुद को ही ढूंढ रहा,
खो गया हूँ तेरे प्यार की कशमकस में कहीं।
जो ढूंढ पाया खुद को तो ये भी सुन तू जरा ,
पलट के देखने का जो हो मन तो मुझे बता देना ।।

मैं खड़ा मिलूंगा तुझे फिर से उसी दोराहे पर,
जहां जुदा हुआ था तेरे मेरे जीवन का सफर।
जो तू गया तो धड़कनों की लय तो बिगड़ ही गयी,
तेरा मन हो मेरी धड़कन बनने का तो बता देना।।

बता देना ||

www.ingramcontent.com/pod-product-compliance
Lightning Source LLC
Chambersburg PA
CBHW070653240926
51846CB00003BA/903
* 9 7 8 9 3 7 5 1 0 4 2 8 5 *